AF476230

LA COLONIE

OU

LE TRAVAIL ORGANISÉ

PAR

N. DUGUING.

—

Prix : 10 centimes.

—

PARIS,

CHEZ TOUS LES MARCHANDS DE NOUVEAUTÉS.

—

1848

Imp. Schneider, rue d'Erfurth, 1.

LA COLONIE

OU

ORGANISATION DU TRAVAIL.

Typographie SCHNEIDER, rue d'Erfurth, 1.

LA COLONIE

OU

ORGANISATION DU TRAVAIL.

En 1845, un voyageur de commerce, qui explorait le midi de la France, fut surpris un soir par un violent orage. La nuit devenait sombre ; il avait encore deux mortelles lieues à parcourir jusqu'au village le plus prochain. Déjà il commençait à maudire la pluie, le vent, le tonnerre et les éclairs, lorsque dans un sentier détourné il aperçoit un homme qui lui fait signe et de la main lui montre une maison distante à peine de quelques pas. Le voyageur prend cette direction : « Soyez le bienvenu, lui dit l'habitant de la contrée ; vous trouverez dans notre colonie un asile pour la nuit. »

Disant ces mots, il l'introduit dans la maison. Elle n'avait qu'un étage, et vue de face elle ne paraissait pas très grande ; cependant, après avoir franchi le seuil de la porte, on apercevait de longs et nombreux corridors qui laissaient supposer un vaste établissement. Au bruit des deux hommes qui entraient, il sort d'une chambre voisine une femme sur l'âge : « Salut à notre hôte, dit-elle ; vos habits sont mouillés, donnez-vous la peine de venir avec moi jusqu'à ce cabinet, vous en trouverez provisoirement d'analogues à la circonstance. » Effectivement, il y avait une chemise blanche, des bas très-propres, un pantalon de toile et une blouse neuve. Lorsque la vieille femme jugea la toilette du voyageur à peu près terminée, elle l'avertit que son couvert était mis. Il mangea seul. La vieille femme lui servit une bouillabaisse, mets très-usité dans ce pays, des œufs frais, deux côtelettes et des fruits de la saison. Pendant le repas, il n'osait questionner la bonne femme qui lui faisait tant de prévenances. Enfin il se résolut à lui demander quel était l'homme généreux dont il avait fait l'heureuse rencontre. Elle lui répondit d'une voix douce et laconique, comme n'osant s'engager dans un long discours : « C'est mon fils. » Cependant elle ajouta : « Il vient de se coucher, car ici tout le monde se couche à dix heures ; il n'y a que moi qui ai l'habitude de me coucher plus tard. »

Une chambre élégante, meublée avec goût et sans luxe, servit de chambre à coucher au voyageur.

Le lendemain, il était jour à peine, et déjà l'on entendait ce bruit d'activité qui se manifeste dans les lieux où l'on travaille avec ardeur. De temps en temps des chants en chœur, exécutés avec ensemble et bon goût, témoignaient de l'allégresse de tous les ouvriers. Il semblait que le travail pour eux, loin d'être un pénible devoir, n'était autre chose qu'un amusement.

Le voyageur se disposait à sortir de sa chambre, lorsque frappe à sa porte l'homme qu'il avait vu la veille. « Votre nuit a-t-elle été bonne? lui demanda celui-ci. — Excellente ! lui répondit son hôte : seulement j'ai été réveillé de bon matin. — Dame ! c'est que de bon matin aussi commencent nos travaux. Si vous n'êtes point pressé de partir, voulez-vous visiter notre colonie? — Très-volontiers, mon vieux brave, cela me donnera l'agrément de causer plus longtemps avec vous.»

Ils partirent bras dessus bras dessous, avec cette affabilité de deux hommes qui parlent à cœur ouvert. D'abord ils traversèrent une vaste cour et entrèrent dans une fabrique où travaillaient trois cents hommes. Le voyageur les salua poliment, et tous lui rendirent très-cordialement le salut, sans toutefois se déranger de leurs travaux. Le voyageur ne pouvait se lasser d'admirer cet enthousiasme de zèle qui animait cette foule d'ouvriers. Pas un ne restait une seconde inactif; ils avaient l'air de vouloir se surpasser à qui travaillerait le plus.

En quittant la fabrique, ils passèrent par une cour aussi vaste que la première. Les maisons qui les entouraient toutes deux étaient d'une uniformité bien sensible à la vue. Elles semblaient inhabitées. Les croisées étaient au grand ouvertes, et laissaient pénétrer à l'intérieur cette quantité d'air qui assainit les logements de la campagne, et que l'on trouve si rarement, hélas! dans les grandes villes.» C'est l'heure du travail, dit l'habitant de la colonie, toutes les habitations sont désertes. Nous venons de visiter un atelier d'hommes ; si actuellement vous désirez voir de quelle manière les femmes pratiquent le travail, nous traverserons ce corridor qui aboutit à la rue. Effectivement, à l'extrémité du corridor se trouvait une rue très-large, bordée par deux maisons bien longues, dont chacune attenait à la maison centrale. C'était la rue unique de la colonie. Quoique bien courte, elle offrait la facilité d'être continuée, si l'accroissement de la population l'exigeait. On appelait ces deux maisons les jumelles, à cause de leur ressemblance. Elles n'avaient que le rez-de-chaussée, et elles étaient divisées en vastes salles. Dans la maison de droite, toutes les salles étaient occupées. Dans l'une était la cuisine générale pour tous les habitants de la colonie. Une excessive propreté s'y faisait remarquer dans tous les sens. Les femmes commises à la préparation des mets étaient réparties d'après leurs différentes attributions. L'ordre et la régularité de leur service permettaient que chaque repas eût lieu aux heures convenues. Dans une autre était la buanderie. Le linge en sortait d'une blancheur éclatante. Ici c'était un atelier de couture pour la confection et la réparation des vêtements des colons. Là c'était l'atelier immense où toutes les femmes faisaient, pour la fabrique, les travaux qui n'étaient plus du ressort des hommes. Ainsi le sexe naturellement faible ne faisait rien de fatigant, et remplissait sa tâche avec l'activité et le plaisir que donne une excellente organisation du travail.

Le voyageur demanda à l'habitant de la colonie si les salaires étaient égaux pour tout le monde. Celui-ci lui répondit : « Dans les travaux que nous exécutons, l'égalité des salaires pourrait être admise à la rigueur. Cependant on en a jugé autrement ; chacun se trouve rémunéré selon son aptitude et son savoir. Mais tout le monde concourt aux bénéfices dans une part proportionnelle à son travail. Voilà sans doute ce qui rend la paresse impossible et ce qui stimule l'émulation de tous. Plus on produit, plus les bénéfices deviennent grands, et en travaillant pour soi chacun travaille pour tout le monde. Aussi s'aide-t-on mutuellement de ses conseils pour mieux confectionner et rendre plus faciles les genres des produits.

La maison de l'autre côté de la rue était destinée à l'étude et à la récréation des enfants. Les garçons et les filles n'étaient point mêlés ensemble. On les divisait en deux catégories : ceux en bas âge, et ceux un peu plus grands. Les professeurs qui les instruisaient étaient à la solde de la colonie. Ils avaient l'habitude et la conscience de leur métier. Leur méthode simple et facile, descendue à la portée de ces jeunes élèves, paraissait relever leur intelligence enfantine.

Le voyageur, émerveillé de tout ce qu'il venait de voir, voulut s'informer comment s'appelait le maître de cette riche exploitation. Il se morfondit en éloges sur le chef d'une aussi vaste industrie, qui avait trouvé le secret de faire régner un si bon ordre, et qui déversait une si grande somme de bien-être sur tous ses ouvriers. L'habitant de la colonie s'empressa de satisfaire à sa demande, et lui parla en ces termes :

« Si un chef d'industrie quelconque, possédant les capitaux nécessaires pour ses entreprises, associait fraternellement avec lui tous les ouvriers qu'il occupe, cet homme mériterait des autels. Mais, hélas! l'histoire n'a jamais eu, que je sache, à enregistrer le nom d'un pareil homme.

« Nos pères ont été victimes d'un préjugé qui les faisait se sacrifier tous pour le bonheur et la fortune de quelques-uns. Quelque révoltant et stupide que soit ce préjugé, il n'en existe pas moins encore universellement aujourd'hui, comme s'il était dans la destinée des travailleurs de s'immoler corps et âme quand même à la cupidité d'un maître. Examinons la chose froidement. Croyez-vous que les ouvriers aient besoin d'un patron qui pressure leurs sueurs et s'engraisse de leur misère? Ils possèdent le travail sans lequel les capitaux restent improductifs ou s'annihilent. Ils ont en outre par leur nombre la diversité des intelligences; ils peuvent donc élire entre eux des directeurs, des sous-directeurs et tous les employés nécessaires à leur administration. Pour que la gestion des fonctionnaires soit irréprochable, on se réserve le droit de les révoquer à volonté. Ainsi donc, lorsque l'on est installé dans une association, pour si minimes que soient les épargnes individuelles, dès qu'elles sont mises proportionnellement en commun, elles forment un grand capital. Alors on achète en gros toutes les choses nécessaires à la vie et tous les objets d'utilité. Par ce moyen on jouit des avantages d'un bon marché presque incroyable.

« Je m'aperçois, mon cher jeune homme, que le temps passe vite avec vous ; voilà déjà que la cloche appelle au déjeuner. » Tout aussitôt les ateliers deviennent vides, les enfants sortent des classes, et l'on voit apporter dans chaque ménage respectif les vivres pour le repas du matin.

L'habitant de la colonie conduisit le voyageur dans l'endroit où il avait mangé la veille, et cette fois il se mit à table pour déjeuner avec lui. Lorsque le repas fut près de sa fin, le jeune étranger témoigna le désir d'apprendre comment cette colonie avait été fondée. Le colon lui raconta l'histoire suivante :

« Pendant le rigoureux hiver de 1829, on trouva étendu sur la route un homme que le froid avait tué. Ses traits n'étaient contractés aucunement. Il avait l'air de dormir, et l'on reconnut que c'était un ouvrier renvoyé depuis longtemps d'une fabrique, parce que son grand âge ne le rendait plus apte au travail. Tous les ouvriers regrettèrent le vieux Simon et se cotisèrent entre eux pour lui rendre les honneurs de la sépulture. Chacun donna sa petite obole; mais la somme étant insuffisante, on résolut d'apporter la liste de souscription au maître de la fabrique. Ce fut le père Thomas que l'on chargea de ce message. Le père Thomas était un ouvrier qui dirigeait la fabrique en l'absence du maître. Il aimait sincèrement ses camarades, et c'était peut-être à cause de son affection pour eux qu'ils lui avaient donné leur estime et qu'ils l'appelaient, quoique jeune encore, le père Thomas. Il trouva son patron dans son cabinet d'affaires, causant avec un de ses amis. Sitôt qu'il lui eut fait part du motif de sa visite, il essuya un torrent d'injures et un refus formel. Mais, loin de se déconcerter, il lui dit avec calme : « Monsieur votre père avait occupé pendant vingt-cinq ans dans la fabrique le vieux

Simon, vous l'avez occupé vous-même pendant dix ans. — Eh bien! fit son maître, c'est à nous qu'il doit d'avoir mangé pendant tout ce temps-là, puisque nous le payions. — Je ne vois pas la chose du même œil que vous, répliqua Thomas, cette fois en colère; si monsieur votre père n'avait pas eu des travailleurs pour lui faire son ouvrage, il n'aurait point gagné la fortune colossale qu'il vous a léguée à sa mort. Car vous savez qu'il était né pauvre, et qu'il emprunta de l'argent pour entreprendre la fabrique. Ces travailleurs, vous les regardez donc comme des mendiants parce que vous leur donnez un modique salaire? Oh! ce que vous dites là, monsieur, est infâme! — Je vous chasse de ma maison, repartit le maître tout écumant de rage, et je ne vous reprendrai jamais, dussé-je vous voir mourir de faim.»

« Le père Thomas rendit compte à ses camarades de ce qui venait de se passer. Ils jurèrent tous de cesser leurs travaux et de ne plus travailler pour ce maître... Ils tinrent parole. Ils furent assez heureux pour se procurer de l'ouvrage ailleurs.

« Cependant le patron, par ses dissipations effrénées, avait englouti son patrimoine. Chaque jour il se créait des dettes nouvelles. Ses ressources, insuffisantes pour ses goûts, ne consistaient déjà plus depuis longtemps que dans les produits de son industrie. Mais l'absence des travailleurs laissait toutes les commandes en chômage, et les créanciers, las de toujours attendre, l'exproprièrent impitoyablement. Ainsi finit le règne de ce patron plein d'insolence, qui était l'image vivante de toute la classe des patrons.

« Après avoir exproprié leur débiteur, les créanciers, voulant se défaire avantageusement de la fabrique, firent des ouvertures au père Thomas. Il fut résolu entre eux qu'elle serait vendue par actions ; que les cent ouvriers qui l'avaient rendue florissante seraient seuls actionnaires, et qu'ils rembourseraient le montant de leurs actions par une retenue d'un tiers faite sur leur travail. Vous voyez combien elle a prospéré ; quelques années ont suffi pour la payer entièrement, et quelques années ont suffi encore pour subvenir aux frais de toutes les constructions qui l'entourent. Aujourd'hui ce ne sont plus cent ouvriers qui l'habitent ; nous comptons une population de douze cents personnes, beaucoup d'argent en caisse et quelques arpents de terre. »

Le voyageur, se levant pour partir, remercie avec effusion son vieil ami de l'hospitalité qu'il lui a donnée, des choses admirables qu'il vient de voir, et des détails intéressants qu'il a entendus. « Cependant, ajoute-t-il, veuillez être assez complaisant pour me dire le nom de cette colonie et le nom que vous portez vous-même. » Alors l'habitant de la contrée lui serrant affectueusement la main : « Soyez heureux, lui dit-il, autant que je le désire. Vous n'avez séjourné que très-peu d'instants dans la colonie des travailleurs des Bouches-du-Rhône, mais soyez persuadé que vous y laissez des regrets, et que vous occuperez une place dans le souvenir du vieux père Thomas. »

Le voyageur attendri jusqu'aux larmes : « Salut ! dit-il au père Thomas ! Adieu, noble fondateur de la colonie des travailleurs des Bouches-du-Rhône ! »

www.ingramcontent.com/pod-product-compliance
Ingram Content Group UK Ltd.
Pitfield, Milton Keynes, MK11 3LW, UK
UKHW020459220726
13923UKWH00006B/2649

9 782019 249762